Propriété de l'Auteur
Droits de traduction et de reproduction
réservés pour tous pays.

SOLFEGE PRATIQUE

ET

PRINCIPES

DE

CALLIGRAPHIE MUSICALE

EN SIX CAHIERS

PAR

FRANÇOIS SARRE

Professeur de Musique

TROISIÈME ÉDITION

DISPOSITION DE LA MÉTHODE DANS CHAQUE CAHIER :

1° Théorie indispensable (en tête des exercices);
2° Exercices gradués destinés à être lus, chantés ou expliqués, puis recopiés;

3° Théorie complémentaire (2ᵐᵉ page de la couverture);
4° Questionnaire musical dont les réponses devront être apprises par cœur (3ᵐᵉ page de la couverture).

3ᵐᵉ CAHIER

Appartenant à l'Élève _______________________

PARIS

SANARD, DERANGEON ET Cⁱᵉ
LIBRAIRES-ÉDITEURS
174, rue Saint-Jacques

HENRY-ABEL SIMON
ÉDITEUR DE MUSIQUE
15 et 17, rue des Martyrs

1886

THÉORIE COMPLÉMENTAIRE

TROISIÈME CAHIER

Cette partie théorique de la méthode s'adresse surtout au professeur. Elle complète les explications... au commencement du cahier ou de l'instruction et les exercices. — Chaque cahier devant être recommencé... par une 8ᵉ même classe, le maître reprendra souvent un même sujet en l'expliquant d'une façon simple... en rapport avec l'âge des élèves. — On ne devra jamais traiter plus d'une question dans chaque le... Il sera toujours très avantageux de faire concorder l'explication théorique avec l'application... sur le même sujet. On n'aura pour cela qu'à observer les renvois à la théorie complémentaire que l'on... trouvera dans le courant de l'ouvrage.

Petites lignes supplémentaires.

On a déjà appris dans les cahiers précédents à se servir de la petite ligne supplémentaire que nécessite l'écriture de la première note de la gamme.

Les lignes supplémentaires se placent au-dessous ou au-dessus de la portée.

On fait usage des lignes supplémentaires quand les cinq lignes de la portée sont insuffisantes. Leur nombre est variable et il n'est... aucune limite fixe.

Différentes manières de battre la mesure.

On a vu précédemment (*Théorie complémentaire*, deuxième cahier) que les mesures ne contiennent pas toutes les mêmes valeurs de durée. Les mesures sont à *deux temps*, à *trois temps* ou à *quatre temps*, c'est-à-dire que les mouvements du bras qui marquent les temps sont, dans chaque mesure, au nombre de deux, de trois ou de quatre.

Dans le battement de la mesure à deux temps, le bras va de bas en haut. On dira, par abréviation, que les mouvements de la mesure à deux temps sont: *bas, haut*.

Les mouvements de la mesure à trois temps sont: *bas, droite, haut*.

Les mouvements de la mesure à quatre temps sont: *bas, gauche, droite, haut*.

Il sera important d'habituer les élèves à battre la mesure en prononçant à haute voix les différents mouvements avant de procéder à la lecture rythmée.

Division du temps.

En outre de la division de la mesure en un certain nombre de temps déterminé, le temps peut, lui-même, se diviser en *deux* ou en *trois* parties égales.

Ces deux manières de diviser le temps ont pour résultat les deux catégories de mesures qui sont la source de tous les rhythmes que l'on rencontre dans la musique. Ce sont les *mesures à temps binaires* et les *mesures à temps ternaires*.

Mesures à temps binaires.

Les *mesures à temps binaires* tirent leur nom de la division possible de chacun des temps qu'elles contiennent en deux parties égales.

Le tableau des mesures à temps binaires se trouve à la page 3. Il résulte de l'exposé de ce tableau que les mesures à temps binaires les plus usitées sont les mesures à deux quarts (2/4), à trois quarts (3/4) et à quatre quarts (4/4), et que le temps, dans ces mesures, est représenté par la noire, que les mesures à temps binaires moins souvent employées sont la mesure à deux demies (2/2) dont le temps est représenté par la blanche, et la mesure à trois huitièmes (3/8) dont le temps est représenté par la croche.

Les mesures anciennes, dont l'usage est peu abandonné, sont: 1° les mesures à trois demies...

(3/2) et à quatre demies (4/2) dont le temps est représenté par la blanche, comme dans la mesure... demies (2/2) indiquée au tableau. — Les mesures... huitièmes (4/8) et à quatre huitièmes... dont le temps est représenté par la croche, comme dans la mesure à trois huitièmes (3/8) indiquée aussi au tableau.

Nous savons que l'on indique la mesure d'un morceau par un fractionnement de la ronde, toujours sous-entendue. Dans le fractionnement indicateur des mesures à temps binaires, le chiffre supérieur ou numérateur donne le *nombre* des temps qu'il faut à la mesure. Le chiffre placé au dessous ou dénominateur donne la *valeur* du temps comme... multiple de l'unité.

L'étude des mesures à temps ternaires fait partie du quatrième...

Point d'orgue, Point d'arrêt.

Le *point d'orgue* se place sur une note dont il prolonge la durée d'une manière indéterminée.

Le premier exercice à deux parties de la page 15 présente... du point d'orgue placé sur une blanche. Le maître suspendra le mouvement de la mesure en tenant la main ou la baguette levée au deuxième temps. Les élèves limiteront sans interrompre... la note tenue. Quand le maître abaissera la main ou la baguette... élèves en feront autant pour tomber tous ensemble sur la note... termine la phrase.

Le signe du point d'orgue placé sur un silence s'appelle *point d'arrêt*.

Le deuxième exercice de la page 15 présente l'exemple du point d'arrêt placé sur un soupir suivi d'une barre de reprise. On... encore ici le battement de la mesure pour prolonger un peu..., puis, sur l'indication du maître, toute la classe fera la reprise... attaquant sans cesse avec ensemble.

Dictée musicale (*Cours moyen*)

On n'oubliera pas, comme il a été dit au deuxième cahier, que la dictée musicale doit toujours être préparée par le chant de la gamme, de l'accord parfait et de l'accord de septième de dominante suivi de sa résolution.

Le maître devra avoir soin de ne pas adopter, comme sujets de dictée, des exercices dont la difficulté dépasserait la force moyenne de sa classe. On aura soin aussi de n'adopter que des mesures déjà étudiées. Nous rappelons qu'on pourra utiliser dans ce but et à l'insu des élèves certains exercices pris dans le cahier même.

Dictée vocale. — Le maître *vocalisera*, en battant la mesure, un membre de phrase que les élèves reproduiront *en solfiant* et en battant la mesure. On procédera de la même manière pour le membre de phrase suivant, et ainsi de suite jusqu'à la fin de l'exercice.

Dictée écrite. — On sait que la dictée écrite diffère de la dictée vocale en ce que les élèves, au lieu de chanter, devront *écrire* dans leur cahier... les membres de phrases vocalisés successivement par le maître. — Le sujet de dictée une fois fini, on chantera l'exercice en entier, en battant la mesure; chaque élève corrigera ses fautes instantanément; on terminera par la récapitulation de la dictée, chantant une dernière fois.

LIGNES SUPPLÉMENTAIRES AU DESSOUS DE LA PORTÉE (*)

(voir théorie complémentaire)

(*) La tenue de la main obligeant le copiste à donner de la force aux traits allant de gauche à droite, toute intention d'assimiler la grosseur de la ligne supplémentaire à celle de la portée doit être abandonnée. Ce moyen du reste est à la fois plus rapide et plus gracieux que tout autre.

LIGNES SUPPLÉMENTAIRES AU DESSUS DE LA PORTÉE (*)

(*) Les modèles de cette page seront lus simultanément; mais ils ne pourront être chantés.

MESURES A TEMPS BINAIRES (*)

Les *mesures à temps binaires* tirent leur nom de la division possible de chacun des temps qu'elles contiennent en deux parties égales.

Toute indication de mesure n'est que le fractionnement de la ronde (unité sous-entendue). Le chiffre supérieur ou numérateur indique le nombre des temps que contiendra une mesure. Le chiffre placé au dessous ou dénominateur donne la valeur du temps comme sous-multiple de l'unité (voir théorie complémentaire).

Les élèves devront consacrer un instant au battement de chacune des mesures suivantes en prononçant à haute voix les différents mouvements.

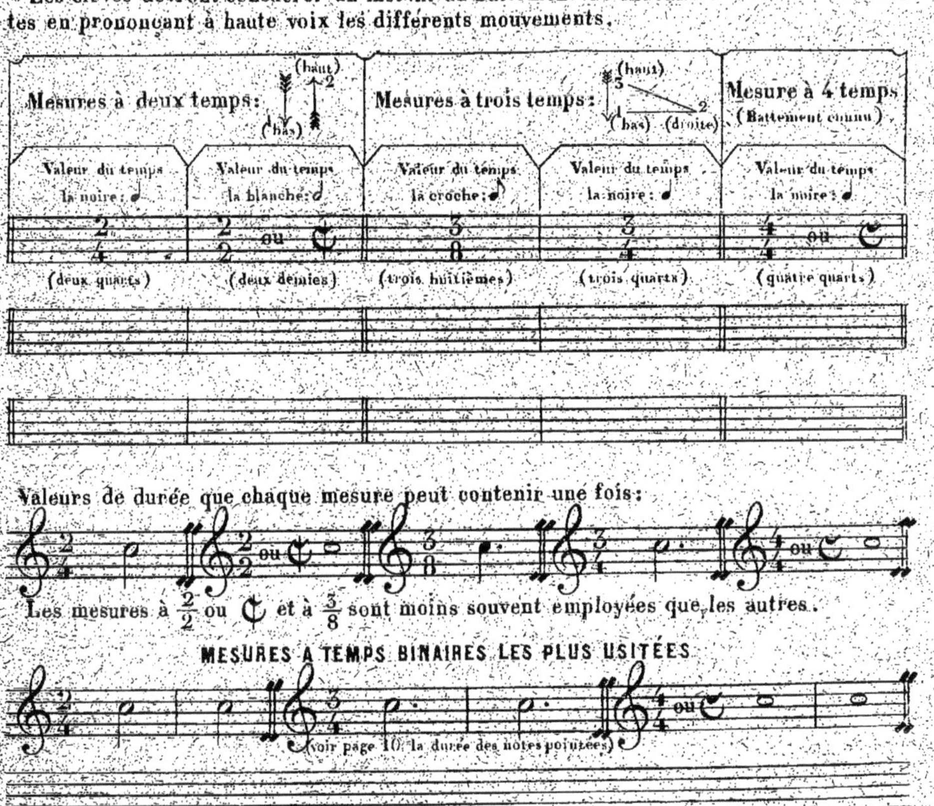

Valeurs de durée que chaque mesure peut contenir une fois:

Les mesures à 2/2 ou C et à 3/8 sont moins souvent employées que les autres.

MESURES A TEMPS BINAIRES LES PLUS USITÉES

(voir page 10 la durée des notes pointées)

FORMATION DE LA NOIRE

Il faut partir de *a* en pressant un peu sur la plume et tourner à gauche *en effleurant le premier trait* pour arriver à *b*. Le plein de la note s'obtient ainsi sans aucun vide.

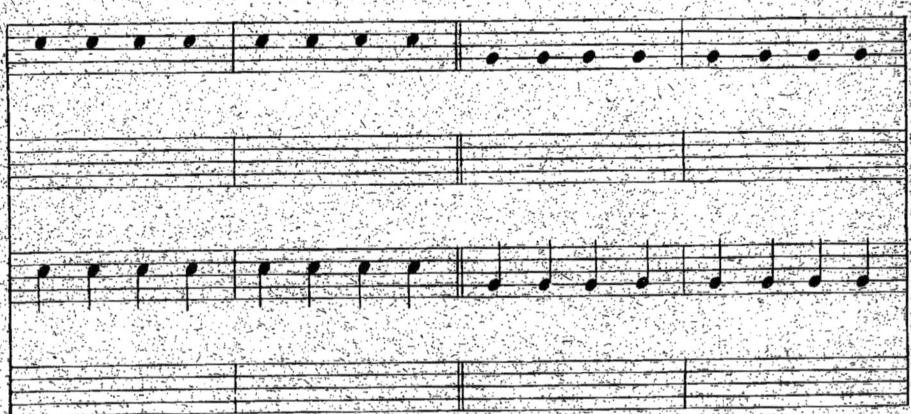

La *noire* est le quart de la ronde. L'unité contient quatre noires, la blanche en contient deux.
La noire représente le temps dans les mesures à $\frac{2}{4}$, $\frac{3}{4}$ et $\frac{4}{4}$ ou $\mathbf{C}$. Exemple :

(Répéter souvent chaque reprise en battant la mesure.)

SOUPIR (𝄽)

Le *soupir* est un signe de silence dont la durée est égale à celle de la noire.

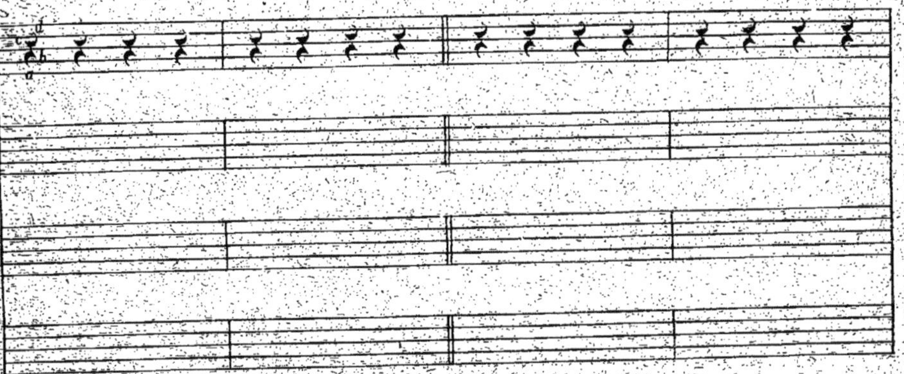

ÉTUDE DE LA MESURE A $\frac{2}{4}$

Ordre d'application : 1° Lecture des notes sans rythmes ; 2° lecture rythmée par le bat_tement de la mesure ; 3° chant de l'exercice ; 4° copie.

MESURE A $\frac{2}{4}$ (SUITE). — EXERCICE AVEC PAROLES (*)

(*) On ne devra appliquer les paroles de cet exercice qu'après l'avoir lu et solfié correctement.

MESURE A $\frac{2}{4}$ (SUITE)

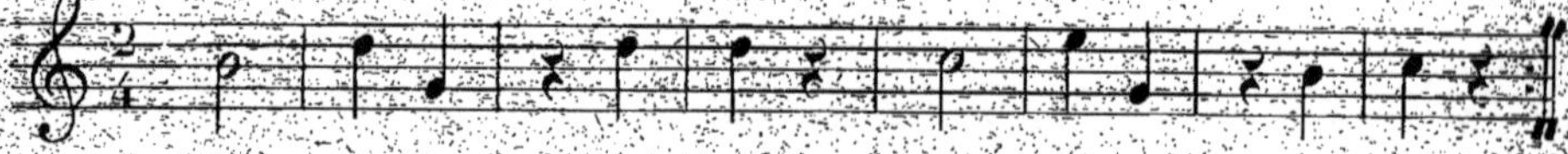

ÉTUDE DE LA MESURE A $\frac{3}{4}$

NOTES POINTÉES

Le *point* placé après une note l'augmente de la moitié de sa valeur primitive. La blanche pointée vaut trois noires. — Le signe de silence suivi d'un point est augmenté dans les mêmes proportions. — Quand les notes ou les signes de silence sont suivis de deux points le second vaut la moitié du premier.

MESURE A $\frac{3}{4}$ (SUITE)

MESURE A $\frac{3}{4}$ (SUITE)

MESURE À $\frac{3}{4}$ (SUITE).—EXERCICE AVEC PAROLES (*)

(*) Même remarque qu'à la page 7.

EXERCICES A DEUX PARTIES

Les sons entendus *successivement* produisent ce qu'on appelle une *mélodie*. Ce n'est que sous cette forme que nous avons jusque là étudié la musique.

Les sons peuvent aussi être produits *simultanément*, c'est à dire que plusieurs mélodies, écrites spécialement dans ce but peuvent être chantées en même temps. Le résultat de cet accouplement est ce qu'on appelle *l'harmonie*.

On réunit par une accolade les parties qui doivent être exécutées en même temps et dont le nombre varie selon l'intention du compositeur. L'emploi de l'accolade suffira donc à l'avenir pour désigner les exercices à plusieurs parties que contient la méthode.

On étudiera isolément chaque partie comme s'il s'agissait de deux exercices différents. On divisera ensuite la classe en deux groupes pour chanter en même temps les deux parties. Quand on aura obtenu ainsi la parfaite exécution de l'exercice, les deux groupes changeront de partie, et cela assez souvent sans jamais forcer la voix. — Chaque élève devra s'habituer à entendre la partie qu'il n'exécute pas sans abandonner celle qui lui est confiée.

En procédant à la copie de la première ligne on prolongera les barres de mesures jusqu'au bas de la deuxième. Il faudra avoir soin aussi de bien placer les unes sous les autres les notes qui doivent être chantées en même temps.

MESURE A 4/4 OU C

EXERCICES A DEUX PARTIES (SUITE)

POINT D'ORGUE ET POINT D'ARRET

Le *point d'orgue*  se place sur une note pour en prolonger la durée d'une ma_
nière indéterminée.

Le même signe s'appelle *point d'arrêt* quand il est placé pour la même raison sur
un signe de silence (voir théorie complémentaire)

EXERCICES A DEUX PARTIES (SUITE)

EXERCICES A DEUX PARTIES (SUITE)

QUESTIONNAIRE MUSICAL
TROISIÈME CAHIER

Le *Questionnaire musical* s era, tout à la fois, un résumé de la théorie complète de la musique et une récapitulation qui établira un lien entre tous les degrés de la méthode. Le maître intercalera un des paragraphes de ce *Questionnaire* dans chaque leçon de chant en l'entourant des détails qu'il croira nécessaires. On insistera sur les questions difficiles ou abrégées : 1° En faisant au tableau noir des démonstrations fréquentes ; 2° en faisant concorder le sujet de la récitation, avec l'application des exercices de la méthode ; 3° en s'appuyant sur les explications de la *Théorie indispensable* et de la *Théorie complémentaire.*

Les réponses seront apprises par cœur et récitées par les élèves. On n'abandonnera jamais un cahier sans la complète récitation du *Questionnaire.*

I

Qu'est-ce qui sert à fixer la place de chaque note dans la portée ?
RÉPONSE. — C'est la *clé* qui sert à fixer la place de chaque note dans la portée.

Qu'appelle-t-on degrés conjoints ?
R. — On appelle *degrés conjoints* ceux qui vont sans interruption dans l'ordre régulier de la gamme ascendante ou descendante.

Dans quel cas deux notes vont-elles par degrés disjoints ?
R. — Deux notes vont par *degrés disjoints* quand entre elles on peut en placer d'autres.

Combien de degrés de la gamme sont à distance d'un ton ?
R. — Cinq.

Citez-les.
R. — Do-ré, ré-mi, fa-sol, sol-la, la-si.

Combien de degrés de la gamme sont à distance d'un demi-ton ?
R. — Deux.

Citez-les.
R. — Mi-fa, si-do.

Récitez la gamme par tonique, sus-tonique, etc.
R. — Tonique, sus-tonique, médiante, sous-dominante, dominante, sus-dominante, sensible, tonique.

Où sont placés les demi-tons dans cette appellation des degrés de la gamme ?
R. — Les deux demi-tons de la gamme sont placés : l'un entre la médiante et la sous-dominante et l'autre entre la sensible et la tonique.

II

En combien de tétracordes est divisée la gamme ?
R. — La gamme est divisée en *deux tétracordes.*

Quelle distance sépare les deux tétracordes ?
R. — Les deux tétracordes sont toujours séparés par *un ton.*

Les deux tétracordes sont-ils absolument semblables ?
R. — Oui, les deux tétracordes sont absolument semblables dans leur disposition par tons et demi-tons.

Dans quel ordre se présentent les tons et demi-tons que comprend chaque tétracorde ?
R. — Deux tons et un demi-ton.

III

Dans quels cas fait-on usage des lignes supplémentaires ?
R. — On fait usage des *lignes supplémentaires* quand les cinq lignes de la portée sont insuffisantes à l'écriture musicale.

Où se placent les lignes supplémentaires ?
R. — Les lignes supplémentaires se placent *au-dessous* ou *au-dessus* de la portée.

Leur nombre est-il limité ?
R. — Non, le nombre des lignes supplémentaires ne saurait être limité.

Qu'est-ce qu'une barre de mesure ?
R. — La *barre de mesure* est une ligne verticale qui traverse la portée et qui sert à limiter rigoureusement le contenu de chaque mesure.

Dans quels cas fait-on usage de la double-barre ?
R. — La *double-barre* se place à la fin du morceau ou entre deux périodes.

Qu'est-ce qu'une barre de reprise ?
R. — La *barre de reprise* est une double-barre précédée ou suivie de deux points.

Que commande la barre de reprise précédée de deux points ?
R. — La barre de reprise précédée de deux points renvoit au début du morceau ou à la barre de reprise qui précède.

Quelle indication donne la barre de reprise suivie de deux points ?
R. — La barre de reprise suivie de deux points marque l'endroit où il faudra revenir.

IV

Comment indique-t-on la mesure dans l'écriture musicale ?
R. — On indique la mesure au début du morceau par un *fractionnement de la ronde*, unité toujours sous-entendue.

D'où les mesures à temps binaires tirent-elles leur nom ?
R. — Les *mesures à temps binaires* tirent leur nom de la division possible de chacun des temps qu'elles contiennent en deux parties égales.

Quelles sont les mesures à temps binaires les plus usitées ?
R. — Ce sont les mesures à *deux quarts*, à *trois quarts* et à *quatre quarts.*

Dans le fractionnement indicateur des mesures à temps binaires, que veut dire le chiffre supérieur ou numérateur ?
R. — Le numérateur donne le *nombre* des temps que devra contenir chaque mesure.

Que signifie le chiffre placé au-dessous ou dénominateur ?
R. — Le dénominateur donne la *valeur* du temps comme sous-multiple de l'unité.

V

Combien existe-t-il de manières de battre la mesure ?
R. — Trois.

Nommez-les.
R. — La mesure à deux temps, la mesure à trois temps et la mesure à quatre temps.

À combien de temps est la mesure à deux quarts ?
R. — La mesure à deux quarts est à deux temps.

Comment bat-on la mesure à deux temps ?
R. — Bas, haut (1).

À combien de temps est la mesure à trois quarts ?
R. — La mesure à trois quarts est à trois temps.

Comment bat-on la mesure à trois temps ?
R. — Bas, droite, haut (1).

À combien de temps est la mesure à quatre quarts ?
R. — La mesure à quatre quarts est à quatre temps.

Comment bat-on la mesure à quatre temps ?
R. — Bas, gauche, droite, haut (1).

Quelles sont les mesures à temps binaires moins souvent employées ?
R. — Ce sont les mesures à *deux demies* et à *trois huitièmes.*

VI

Quel effet produit le point placé après une note ?
R. — Le *point* placé après une note l'augmente de la moitié de sa valeur primitive.

Rencontre-t-on parfois des notes suivies de deux points ?
R. — Oui.

Quelle est la valeur du second point ?
R. — Le second point vaut la moitié du premier.

Quelle est la valeur de durée que la mesure à deux quarts peut contenir une fois ?
R. — La blanche.

Quelle est la valeur de durée que la mesure à trois quarts peut contenir une fois ?
R. — La blanche pointée.

Quelle est la valeur de durée que la mesure à quatre quarts peut contenir une fois ?
R. — La ronde.

(1) L'élève figurera avec le bras droit les mouvements qu'il prononce à haute voix.

Par quelle valeur de durée est représenté le temps dans les mesures à deux quarts, à trois quarts et à quatre quarts ?

R.—Le *temps*, dans les mesures à deux quarts, à trois quarts et à quatre quarts, est représenté par la *noire*.

Combien faut-il de noires pour égaler la durée de la blanche?

R.—Il faut deux noires pour égaler la durée de la blanche.

Combien faut-il de noires pour égaler la durée de la blanche pointée?

R. —. Il faut trois noires pour égaler la durée de la blanche pointée.

Combien faut-il de noires pour égaler la durée de la ronde?

R. — Il faut quatre noires pour égaler la durée de la ronde.

Que vaut la noire comparativement à la blanche, à la blanche pointée et à la ronde ?

R. — La noire vaut *la moitié* de la blanche, *le tiers* de la blanche pointée et *le quart* de la ronde.

VII

Quels sont les intervalles simples ?

R. — Les *intervalles simples* sont : l'unisson (répétition du même son), la seconde, la tierce, la quarte, la quinte, la sixte, la septième et l'octave.

Pourquoi ces intervalles sont-ils appelés simples ?

R. — Parce qu'ils ne dépassent pas les limites de la gamme.

Quels sont les intervalles redoublés qui font suite aux interv. simples?

R. — Les *intervalles redoublés* sont : la neuvième, la dixième, etc.

Pourquoi ces intervalles sont-ils appelés redoublés ?

R.—Parce que la neuvième n'est que le redoublement de la seconde, la dixième est le redoublement de la tierce, etc.

Qu'est-ce qui distingue l'intervalle majeur de l'intervalle mineur ?

R.—L'intervalle *majeur* contient toujours un demi-ton de plus que l'intervalle *mineur*.

Comment se produit le renversement d'un intervalle ?

R.—Le renversement d'un intervalle peut se produire de deux manières : 1° en baissant d'une octave le son supérieur ; 2° en élevant d'une octave le son inférieur.

Faites connaître les effets du renversement des intervalles simples?

R. — L'unisson renversé produit l'octave; la seconde renversée produit la septième, la tierce renversée produit la sixte, la quarte renversée produit la quinte, la quinte renversée produit la quarte, la sixte renversée produit la tierce, la septième renversée produit la seconde, l'octave renversée produit l'unisson.

Que produit l'intervalle majeur renversé?

R. — L'intervalle majeur renversé produit un intervalle mineur.

Que produit l'intervalle mineur renversé?

R.—L'intervalle mineur renversé produit un intervalle majeur.

VIII

Qu'appelle-t-on signes de silence ?

R. — On appelle *signes de silence* certains signes de notation à l'aide desquels on indique dans la phrase musicale des repos plus ou moins prolongés.

Qu'est-ce qu'une pause ?

R. — La *pause* est un signe de silence dont la durée est égale à celle de la mesure entière.

Qu'est-ce qu'une demi-pause ?

R. — La *demi-pause* est un signe de silence dont la durée est égale à celle de la blanche.

Qu'est-ce qu'un soupir ?

R. — Le *soupir* est un signe de silence dont la durée est égale à celle de la noire.

Le point et le double point servent-ils aussi à prolonger la durée des silences ?

R. — Oui, le *point* et le *double point* servent à prolonger la durée des silences dans la même proportion que les notes.

IX

Qu'est-ce qu'un accord ?

R. — Un *accord* est un ensemble de notes pouvant être chantées simultanément.

Tous les accords frappent-ils l'oreille de la même manière?

R. — Non.

Pourquoi?

R. — Parce que les uns sont *consonnants* et les autres *dissonnants*.

Dans quel cas un accord est-il appelé consonnant ?

R.—Un accord est consonnant quand il frappe agréablement l'oreille.

Combien l'accord consonnant complet contient-il de sons ?

R.—L'accord consonnant complet contient trois sons.

Dans quel cas un accord est-il appelé dissonnant ?

R. — Un accord est dissonnant quand il réclame un complément ou *résolution*.

Quelle superposition d'intervalles constitue la forme radicale des accords?

R. — La forme radicale des accords présente toujours une superposition de tierces.

Quels sont les deux accords principaux de la musique moderne ?

R. — Ce sont l'*accord parfait* et l'*accord de septième de dominante*.

Qu'est-ce que l'accord parfait ?

R. — L'accord parfait est un accord consonnant.

De quelles notes est-il composé ?

R. — L'accord parfait est composé de la tonique, de la médiante et de la dominante.

Quel sentiment donne l'audition de cet accord ?

R. — L'audition de l'accord parfait donne le sentiment du repos.

Qu'est-ce que l'accord de septième de dominante ?

R. — L'accord de septième de dominante est un accord dissonnant.

De quelles notes est-il composé ?

R. — L'accord de septième de dominante est composé de la dominante, de la sensible, de la sus-tonique et de la sous-dominante.

Quel effet produit sur l'auditeur le contact des notes qui composent l'accord de septième de dominante?

R. — L'audition de l'accord de septième de dominante éveille en nous un désir. La satisfaction de ce désir s'appelle *résolution*.

Comment se produit la résolution de l'accord de septième de dominante?

R. — La résolution de l'accord de septième de dominante se produit par la marche ascendante de la sensible vers la tonique (demi-ton) et par la descente de la sous-dominante à la médiante (demi-ton). La dominante et la sus-tonique sont libres dans leurs mouvements.

X

Qu'entend-on par chant à l'unisson ?

R. — On entend par *chant à l'unisson* l'exécution d'une même mélodie par plusieurs voix réunies.

Qu'est-ce qu'une mélodie ?

R. — La *mélodie* est le résultat d'une combinaison de sons destinés à être entendus successivement.

Qu'entend-on par chant à plusieurs parties ?

R. — On entend par *chant à plusieurs parties* l'exécution simultanée de plusieurs mélodies écrites spécialement dans ce but.

Que produit l'exécution d'un chant à plusieurs parties ?

R. — L'exécution d'un chant à plusieurs parties produit l'*harmonie*.

XI

Qu'est-ce qu'une liaison ?

R. — La *liaison* est un trait ou ligne courbe qui, placé entre deux notes de même degré, indique que ces deux notes n'en formeront qu'une : la deuxième ne sera que la prolongation de la première.

Qu'appelle-t-on point d'orgue ?

R. — Le *point d'orgue* est un signe que l'on place sur une note pour en prolonger la durée d'une manière indéterminée.

Qu'appelle-t-on point d'arrêt ?

R.—On appelle *point d'arrêt* le signe du point d'orgue placé, pour le même but de prolongation, sur un signe de silence.

9 782019 992361